Collection de Monsieur Yves LE MOYNE

TABLEAUX ANCIENS

Objets d'Art et d'Ameublement

TAPISSERIE

PARIS — 1912

CATALOGUE

DES

Tableaux et Dessins

ANCIENS

AQUARELLES, GOUACHES, PASTELS, GRAVURES

Par :

VAN BALEN, F. BOUCHER, BREUGHEL
J.-L. DAVID, H. FRAGONARD, LAGRENÉE, E. LE GUAY, J. LE MOYNE,
PILLEMENT, LOUIS VIGÉE, VIGÉE-LEBRUN, VIVIEN, ETC.

Objets d'Art et d'Ameublement

SCULPTURES, PLATRES, BRONZES, CÉRAMIQUE

MINIATURES, OBJETS DE VITRINE

TAPISSERIE DU XVIe SIÈCLE

SIÈGES ET MEUBLES ANCIENS

BOIS SCULPTÉS, ÉTOFFES ANCIENNES

COMPOSANT LA

Collection de Monsieur Yves LE MOYNE

ET PROVENANT EN GRANDE PARTIE

DU CABINET DE J.-B. LE MOYNE, SCULPTEUR DE LOUIS XV

ET DONT LA VENTE AURA LIEU A PARIS

HOTEL DROUOT, SALLE N° 6

LE LUNDI 5 FÉVRIER 1912

à deux heures précises

COMMISSAIRE-PRISEUR

Me HENRI BAUDOIN, Successeur de M. Paul CHEVALLIER
10, rue de la Grange-Batelière

EXPERTS

Pour les Tableaux et Dessins :
M. GEORGES SORTAIS, Peintre
EXPERT PRÈS LE TRIBUNAL CIVIL
11, rue Scribe

Pour les Meubles et Objets d'art :
MM. DUCHESNE ET DUPLAN
10, rue Rossini
PARIS

EXPOSITIONS

PARTICULIÈRE : *Le Samedi 3 Février 1912. . . . .* } DE 2 HEURES
PUBLIQUE : *Le Dimanche 4 Février 1912. . .* } A 6 HEURES

CONDITIONS DE LA VENTE

Elle sera faite au comptant.

Les adjudicataires paieront *dix pour cent* en sus des enchères.

L'exposition mettant le public à même de se rendre compte de l'état et de la nature des objets, il ne sera admis aucune réclamation une fois l'adjudication prononcée.

Paris. — Imp. de l'Art, Ch. Berger, 41, rue de la Victoire.

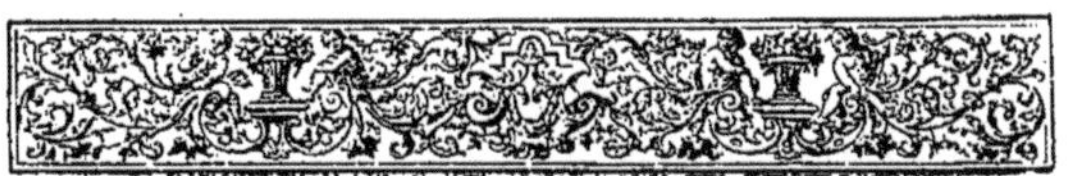

M. Yves Le Moyne, qui présente au public cette délicate collection de portraits du XVIIIe siècle, presque tous des souvenirs de famille, est aujourd'hui le représentant de ces célèbres artistes qui ont illustré les Beaux-Arts depuis Louis Le Moyne, le gendre de Simon Guillain, sculpteur de Louis XIII, Jean Le Moyne, l'un des maîtres de la peinture décorative, Jean-Louis Le Moyne le père, élève de Coysevox, et enfin le célèbre Jean-Baptiste, le sculpteur favori du roi Louis XV...

Ceux qui connaissent M. Le Moyne s'étonneront peut-être qu'un fervent du passé, de nature aussi sentimentale, se sépare volontairement de tous ces précieux souvenirs ; mais une idée haute, pratique et philosophique a guidé sa décision et fait violence à ses sentiments. Il a pensé qu'il pouvait accepter de ses ancêtres une retraite à laquelle il aspire et que ses fils, obéissant à la loi suprême du travail, pourront éprouver un jour de bien douces jouissances en reprenant ces mêmes souvenirs sous le feu des enchères futures.

Je tiens à dire un mot des deux pièces maîtresses de cette collection :

Je suis d'avis que seul un Fragonard a pu opérer au pastel d'une façon aussi magistrale et rendre l'indéfinissable expression de mélancolie répandue sur le visage du célèbre « Arlecchino ».

On raconte que, pendant son séjour à Paris, Martinelli, ne pouvant vaincre sa neurasthénie, s'en fut consulter un praticien en vogue, qui lui conseilla d'aller voir jouer Martinelli, et celui-ci de lui répondre : « Mais, Martinelli, c'est moi, tous les soirs je m'entends et je m'ennuie. »

Il mourut en 1631 en laissant sa grande fortune et sa galerie de tableaux à l'église de Castebelforte.

Que dirai-je, à présent, du saisissant portrait du vieux sculpteur dans son costume d'atelier?

La date inscrite sur cette peinture, 1774, indique que l'auteur, Mme Vigée, avait alors 19 ans ; nous sommes donc en présence de l'un des chefs-d'œuvre de sa première manière, si recherchés aujourd'hui et auquel la notoriété du modèle ajoute une valeur de plus.

Je dépasserais le cadre de cette brève notice si je donnais un compte rendu analytique des autres portraits et objets de haut goût qui se remarquent dans cette collection ; qu'il me suffise de dire qu'elle se distingue autant par sa sincérité que par son éclectisme, ce qui la recommande à tous les amateurs.

GASTON BIDEAUX.

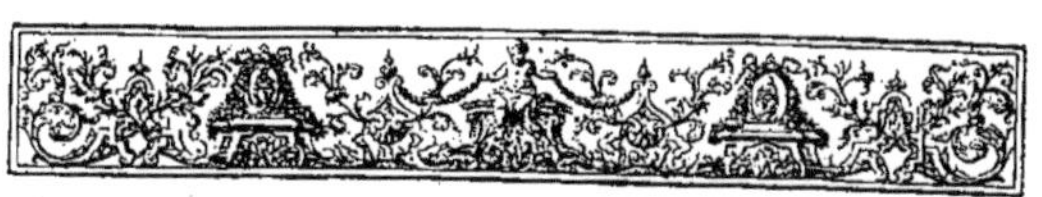

DÉSIGNATION

GRAVURES ET LITHOGRAPHIES

ALIAMET

(D'après J. VERNET)

ET

VIVARÈS

(D'après Gaspard POUSSIN)

1 — *Le Matin. Le Midi. Le Soir. La Nuit. Environs de Caudebec, à land Storm.*

Sept gravures.

Haut., 50 cent.; larg., 40 cent.

BEAUVARLET

(D'après F. BOUCHER)

2 — *Deux Gravures en noir, se faisant pendant.*

En toutes marges et portant la signature du graveur, à la mine de plomb et non ébarbées.

Encadrées.

Haut., 52 cent.; larg., 41 cent.

BOILLY

(D'après)

3 — *Trois Lithographies anciennes dont deux en couleurs.*

BOILLY

(D'après)

4 — *Les Petits Savoyards montreurs de singes.*

Lithographie en couleurs, marges.
Encadrée.

Haut., 35 cent.; larg., 42 cent.

BONNET

(L.)

(D'après J.-B. HUET)

5 — *L'Amant écouté.*

Gravure en couleurs, remargée.

Haut., 44 cent.; larg., 38 cent.

Cadre ancien en bois sculpté.

BONNET

(L.)

(D'après J.-B. HUET)

6 — *L'Éventail cassé.*

Gravure en couleurs, marges. Conservation parfaite.

Haut., 44 cent.; larg., 38 cent.

Cadre ancien en bois sculpté.
Pendant du précédent.

D'ARCIS

(L.-D.)

(D'après F. MOUCHET)

7 — *Le Larcin d'amour et la Ruse d'amour.*

Deux gravures, dans leurs cadres, en bois anciens. Ovales.

Haut., 60 cent.; larg., 50 cent.

DESCOURTIS

(D'après SCHALL)

8 — *Épisodes de Paul et Virginie.*

Deux gravures en couleurs.

Haut., 40 cent.; larg., 48 cent.

GAVARNI

(D'après)

9 — *L'Ouvreuse.*

Lithographie en couleurs.

Haut., 36 cent.; larg., 26 cent.

GODEFROY

(F.)

(D'après LA HIRE)

10 — *Les Géorgiennes au bain.*

Gravure. Marges.
Encadrée.

Haut., 51 cent.; larg., 65 cent.

HILL

(D'après BERGHEM)

11 — *Le Bain de la Bergère.*

JONES ET ROBERTSON

(J.) (A.)

(D'après W. HAMILTON)

12 — *Caroliné of Lichfield.*

Gravure anglaise en noir.
Encadrée.

Haut., 41 cent.; larg., 37 cent.

LANGLUMÉ

(D'après PIGALLE)

13 — *Six Lithographies anciennes : Mœurs parisiennes.*

LE BAS

(D'après J.-B. GREUZE)

14 — *L'Enfant gâté.*

Belle gravure, bonne conservation, marges.

Haut., 54 cent.; larg., 39 cent.

Cadre Louis XVI.

MONNOYER

(J.-B.)

15 — *Guirlande de fleurs.*

Superbe gravure en toutes marges, non ébarbée.

Haut., 70 cent.; larg., 54 cent.

Cadre Louis XVI.

Monnoyer, dont la femme peignait aussi les fleurs, était beau-père de Jean-Louis Le Moyne, le sculpteur.

NOEL ET AUBERTIN

(D'après)

16 — *Deux Gravures à l'aquatinte.*

Non encadrées.

PIGALLE

(D'après J.-B.)

17 — *Chrétien de Mechel à Bâle et à Strasbourg.*

Deux gravures du mausolée du maréchal de Saxe.

Haut., 52 cent.; larg., 38 cent.

REMBRANDT

(D'après)

18 — *Les Joueurs de Cornemuse.*

Gravure.

Haut., 17 cent.; larg., 14 cent.

Cadre Louis XIII.

REYNOLDS

(S.-W)

(D'après John JACKSON)

19 — *Portrait de Henry Earl of Harewood Viscount Lascelles et Baron Harewood Lord Lieutenant of the West Riding County of York.*

Gravure à la manière noire.
Encadrée.

Haut., 59 cent.; larg., 49 cent.

SAILLIAR

(D'après RYLEY)

20 — *Young Theatrical.*

Deux gravures anglaises. se faisant pendant.

Diam., 16 cent.

Cadres anciens.

SARP

(D'après LEBRUN)

21 — *Cupidon et l'amour.*

Deux gravures.

SCHENAU

22 — *Quatre Eaux-fortes.*

Renfermées dans deux cadres métal et ébène.

Haut., 21 cent.; larg., 21 cent.

THOUVENIN

(D'après WARD)

23 — *The Citizens retreat.*

Haut., 48 cent.; larg., 60 cent.

Cadre ancien.

WILLE

(GEORGES)

(D'après J.-B. LE MOYNE)

24 — *Ludovicus Victor et Pacator.*

Gravure sans marge.

Haut., 58 cent.; larg., 38 cent.

Cadre en bois.

25 — *Portrait du célèbre peintre Raphaël Mengs.*

Gravure espagnole.

Haut., 32 cent.; larg. 21 cent.

Cadre Louis XV en bois sculpté.

26 — Deux gravures anglaises, une gravure française, quatre vues anciennes coloriées, une planche d'assignats.

27 — Cinq gravures anciennes allemandes.

28 — Quatorze vues, perspectives anciennes de Paris, coloriées.

29 — Vingt et une gravures anciennes. (Seront divisées.)

DESSINS, AQUARELLES
PASTELS, GOUACHES

AUBRY
(École de)

30 — *La Visite à la Nourrice.*

Gouache.

Haut., 17 cent.; larg., 24 cent.

Cadre Louis XVI.

ADÉLAIDE DE FRANCE
(MADAME)

31 — *Portrait du sculpteur J.-B. Le Moyne, assis, modelant la tête de Madame Adélaïde en 1770.*

Curieux croquis à la mine de plomb sur papier à lettre aux armes du roi, l'inscription est de la main du célèbre sculpteur.

(*Vente Pierre-Hippolyte Le Moyne, en 1828.*)

Haut., 27 cent.; larg., 21 cent.

BEAUVASTE
(Mlle)

32 — *Portrait de Mme Cailleux.*

Pastel.

Signé et daté : *1803*, sur le dossier du fauteuil.

Haut., 56 cent.; larg., 47 cent.

BOUCHER
(FR.)

33 — *Portrait du fils aîné du sculpteur J.-B. Le Moyne à l'âge de 3 ans.*

Mine de plomb.

Haut., 31 cent.; larg., 24 cent.

Cadre Louis XVI en bois doré.

(*Vente P.-H. Le Moyne, en 1828.*)

DAUBENTON

34 — *Le Café Procope.*

Dessin aquarellé. Signé en bas à gauche.

Haut., 30 cent.; larg., 31 cent.

Cadre Louis XVI en bois sculpté.

DAVID
(J.-L.)

35 — *Un Orateur populaire.*

Dessin à l'encre de Chine et au trait.

Haut., 35 cent.; larg., 21 cent.

DE LAVAL
(P.-L.)

36 — *Portrait du jeune Le Mat, demi-frère du petit-fils de J.-B. Le Moyne.*

Dessin rehaussé d'aquarelle.
Signé et daté : *1811*, à droite.

Haut., 14 cent.; larg., 11 cent.

(*Projet du n° 71.*)

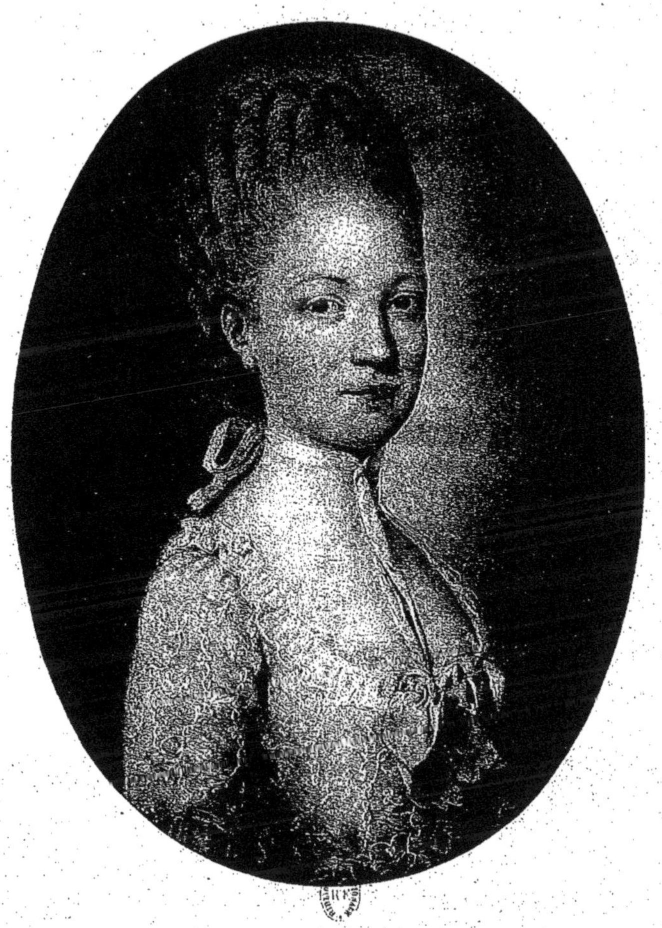

N° 38

DESMARETZ

(XVIIe siècle)

37 — *Gabrielle d'Estrées.*

Sépia.
Signé.

DROUAIS LE FILS

(Attribué à HUBERT)

38 — *Portrait de Jeune Fille.*

Vue en buste de trois quarts vers la droite, la chevelure poudrée, elle est vêtue d'un corsage de soie rose pâle.

Pastel.

Haut., 63 cent.; larg., 53 cent.

ÉCOLE FRANÇAISE

(XVIIIe siècle)

39 — *Tête de Fillette appuyée sur un coussin.*

Pastel.

Haut., 42 cent.; larg., 35 cent.

Cadre.

ÉCOLE FRANÇAISE

(XVIIIe siècle)

40 — *Portrait d'un Jeune Homme, tenant un étui dans la main.*

Pastel.

Haut., 55 cent.; larg., 45 cent.

ÉCOLE FRANÇAISE

(D'après VAN DYCK)

41 — *Sainte Madeleine en extase dans sa grotte.*

Gouache.

Haut., 23 cent.; larg., 18 cent.

Cadre Louis XIII en bois sculpté et doré.

ÉCOLE FRANÇAISE

(XVIIIe siècle)

42 — *Tête de Jeune Fille.*

Sanguine.

Haut., 40 cent.; larg., 33 cent.

Cadre Louis XIV en bois sculpté et doré.

ÉCOLE FRANÇAISE

43 — *Une Sultane.*

Dessin à la pierre noire.

Haut., 24 cent.; larg., 20 cent.

ÉCOLE FRANÇAISE

44 — *Portrait d'Homme.*

Pastel.

Haut., 42 cent.; larg., 33 cent.

Cadre Louis XV en bois sculpté.

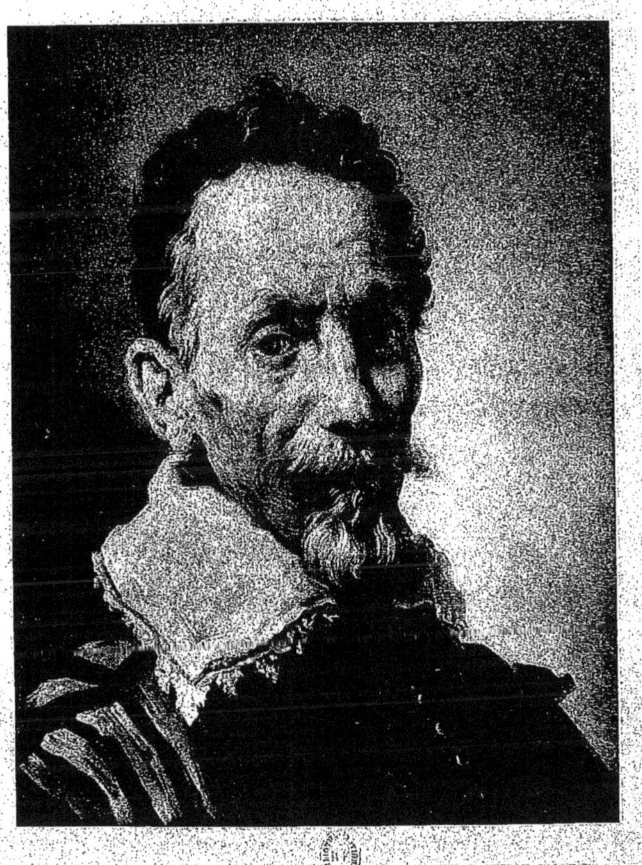

N° 47

ÉCOLE ITALIENNE

(XVIIIe siècle)

45 — *Bergère et son troupeau.*

Dessin à la sanguine..

Haut., 20 cent.; larg., 26 cent.

ÉCOLE ROMANTIQUE FRANÇAISE

46 — *Deux Sujets humoristiques.*

Mine de plomb.

Haut., 30 cent.; larg., 32 cent.

Deux pendants.

FRAGONARD

(HONORÉ)

47 — *Portrait de l'auteur et acteur Martinelli.*

Il est représenté en buste de trois quarts vers la droite, le front découvert, les cheveux et la barbe gris et frisés ; il porte un large col blanc en lingerie, et est vêtu d'un pourpoint de velours gris à bandelettes noires, se détachant sur un fond gris.

Pastel.

Haut., 47 cent.; larg., 38 cent.

Beau cadre Louis XIV en bois sculpté et doré.

N.-B. — Il n'est pas étonnant qu'en présence d'un personnage aussi extraordinaire, Fragonard ait été inspiré par l'imagination féconde de cet auteur comédien en l'interprétant d'une façon aussi magistrale.

Cette œuvre puissante, au point de vue de la technique dans sa manière et dans son style, ne procède d'aucun professionnel dans l'art du pastel, ici on remarquera que la matière est écrasée à l'aide du pouce et rehaussée de coups de crayons soulignant les traits vigoureux et spirituels de la physionomie du personnage ; l'indépendance du peintre s'y révèle dans toute sa force et sa liberté d'exécution.

GAVARNI

48 — *Portrait de M. Aristide Lormier, lisant.*

Mine de plomb.

Haut., 27 cent.; larg., 21 cent.

KONINGH

(LÉONARD DE)

49 — *Village au bord de l'eau en Hollande.*

Aquarelle.
Signée en bas sur le bac.

Haut., 42 cent.; larg., 66 cent.

LAGNEAU

50 — *Portrait d'Homme.*

Vu de face, coiffé d'un feutre, vêtu d'un pourpoint.
Dessin aux trois crayons.

Haut., 60 cent.; larg., 44 cent.

Cadre Louis XIII en bois sculpté.

LAFFON

51 — *Modèle de flambeau-applique.*

Dessin à la sanguine.

Haut., 28 cent.; larg., 22 cent.

Cadre en bois doré.

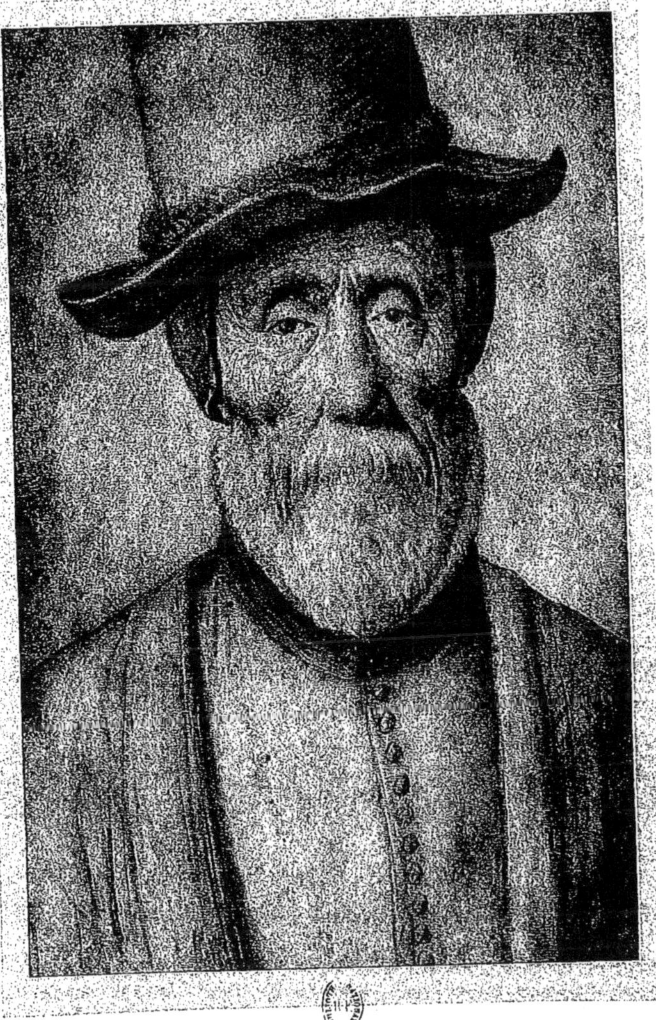

N° 50

LANCRET
(NICOLAS)

52 — *Gentilhomme assis.*

Dessin au crayon noir rehaussé de blanc.

Haut., 33 cent.; larg., 36 cent.

Cadre en bois sculpté et doré.

(*Vente Beurdeley.*)

LE MOYNE
(JEAN)
(1638-1730)

53 — *Le Char de Phœbus.* (Plafond).

Dessin à la sépia.

Haut., 33 cent.; larg., 60 cent.

LE GUAY
(E.)

54 — *Portrait d'un Jeune Garçon.*

Mine de plomb.

Signé en bas à gauche.

Haut., 37 cent.; larg., 30 cent.

Cadre en bois ancien.

LE GUAY

(E.)

(D'après BOUCHER)

55 — *Scène champêtre.*

Mine de plomb.

Haut., 34 cent.; larg., 42 cent.

Cadre Louis XVI en bois sculpté et doré.

LE GUAY

(E.)

(D'après BOUCHER)

56 — *Paysage animé dans les environs de Beauvais.*

Mine de plomb.
Signé.

Haut., 43 cent.; larg., 59 cent.

Cadre Louis XVI en bois sculpté et doré.

LE GUAY

(E.)

57 — *Un Amour tenant une fleur.*

Dessin.

— *Étude de main.*

Dessin.

— *L'Enfant puni.*

Dessin.

— *Entrée du parc de Sèvres.*

Sépia.

LE GUAY

(E).

58 — *Les Boules de Neige.*

Mine de plomb.

Signé en bas à gauche.

Haut., 33 cent.; larg., 26 cent.

LE GUAY

(E.)

59 — *La Rixe.*

Sépia.

Haut., 20 cent.; larg., 30 cent.

LE GUAY

(E.)

60 — *Un Paysage.*

Mine de plomb.

Signé en bas à droite.

Haut., 19 cent. larg., 26 cent.

NATOIRE

(CH.)

61 — *Femme nue, une main entr'ouverte.*

Dessin à la sanguine.

Haut., 45 cent.; larg., 37 cent.

Cadre Louis XVI en bois sculpté et doré.

PILLEMENT
(JEAN)

62 — *La Danse de l'ours.*

Pierre noire.

Signé des initiales et daté : *1805*, en bas et au milieu.

Diam., 22 cent.

PILLEMENT
(JEAN)

63 — *La Passerelle.*

Mine de plomb.

Signé et daté : *1804*, en bas et à gauche.

Haut., 33 cent.; larg., 41 cent.

ROSLIN
(Madame SUZANNE)

64 — *Portrait de Louise-Joséphine Le Moyne.*

Vue à mi-corps, la coiffure relevée, frisée et poudrée, elle est vêtue d'un corsage de satin bleu décolleté orné de nœuds de satin blanc, accoudée, tenant de la main une fleur de narcisse.

Pastel.

Haut., 57 cent.; larg., 46 cent.

Cadre Louis XV en bois sculpté et doré.

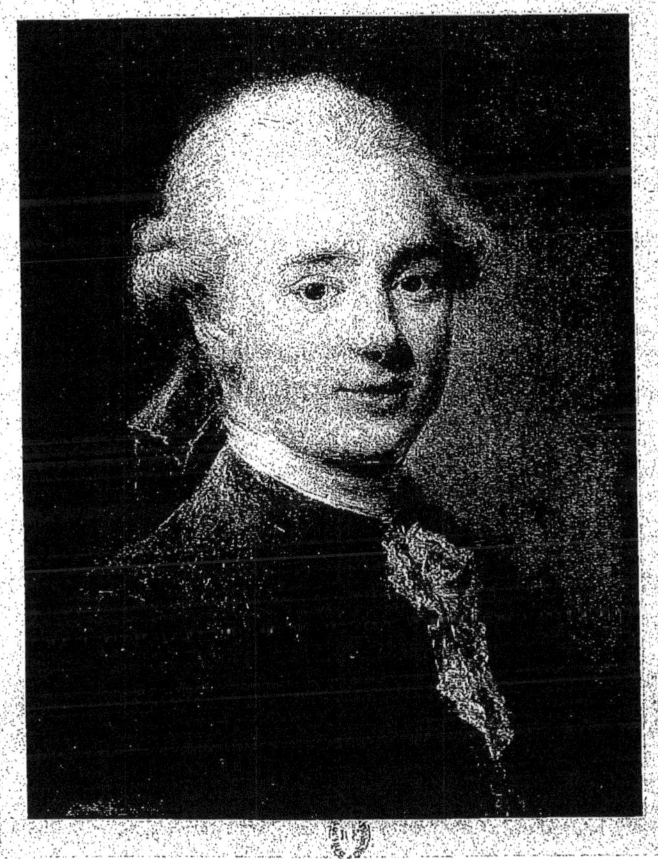

N° 66

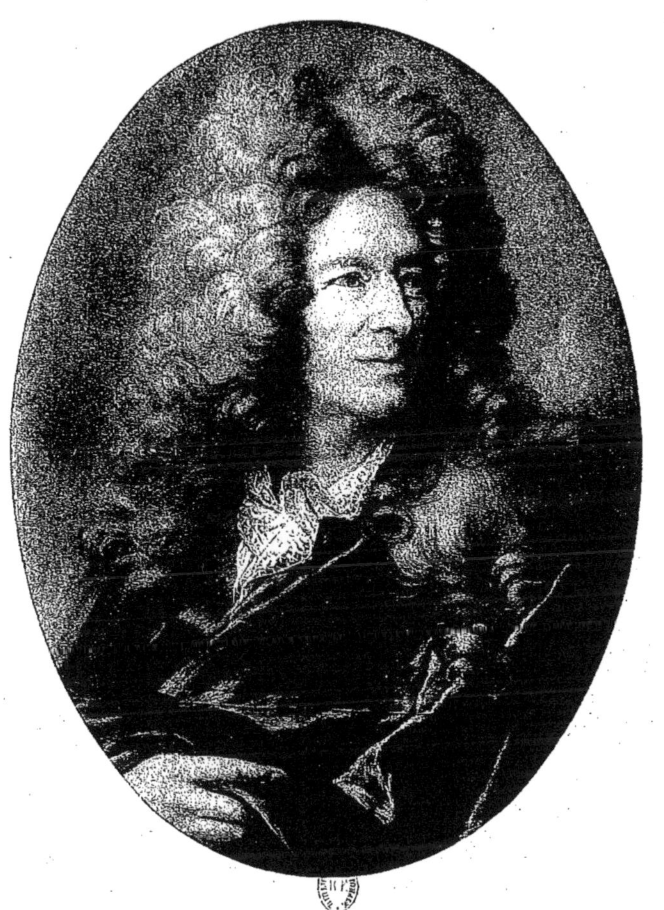

N° 67

VIEN

(J.-M.)

65 — *Portrait du notaire Pontignon, de Versailles.*

Vu en buste tourné vers la droite, sa coiffure poudrée à frimas est retenue par un catogan de soie noire disposé en forme de cravate, il est vêtu d'un habit rose violacé, à gilet de brocart d'or.

Pastel.

Signé et daté à droite : *Vien, 1759.*

Haut., 60 cent.; larg., 50 cent.

Cadre Louis XVI en bois sculpté et doré.

VIGÉE

(LOUIS)

66 — *Portrait du fils aîné du sculpteur J.-B.-A. Le Moyne, vers l'âge de vingt ans, en 1762.*

Pastel.

Haut., 50 cent.; larg., 45 cent.

Cadre Louis XV en bois sculpté et doré.

VIVIEN

(JOSEPH)

(1657-1734)

67 — *Portrait de Jean Le Moyne, 1638-1713.*

Décorateur-peintre, membre de l'Académie Royale, père de Jean-Louis et grand-père de Jean-Baptiste, sculpteurs, fils de Louis Le Moyne, gendre de Simon Guillain.

Vu de trois quarts à droite, la chevelure haute et poudrée, il est enveloppé d'un manteau de velours violet.

Pastel ovale.

Exécuté en 1700.

Haut., 72 cent.; larg., 57 cent.

Cadre Louis XIV en bois sculpté et doré.

VIVIEN

(JOSEPH)

(1657-1734)

68 — *Portrait du Père Le Tellier, confesseur de Louis XIV.*

Vu à mi-corps, la main est appuyée sur un livre.

Pastel.

Haut., 73 cent.; larg., 63 cent.

Cadre Louis XIV en bois sculpté et doré.

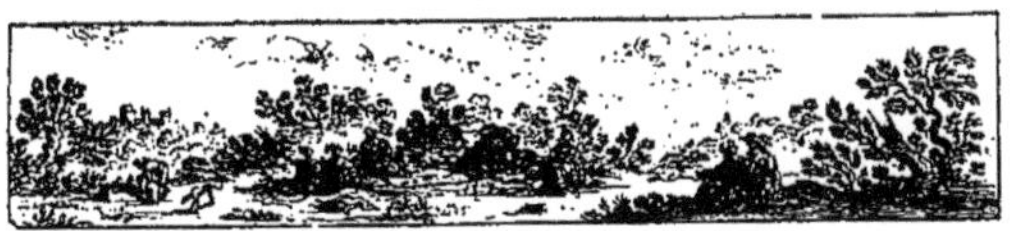

TABLEAUX

BOUCHER
(École de)

69 — *Scène Pastorale.*

Fragment d'une toile décorative.
Copie ancienne.

Haut., 56 cent.; larg., 54 cent.

BALEN, BREUGHEL ET KESSEL
(JEAN VAN) (PIERRE) (JEAN VAN

70 — *L'Eau.*

Au milieu d'un paysage, aux pieds de grands arbres à gauche, des amours offrent des fleurs et des coquillages à une nymphe assise sur un tertre; à droite, sur le même plan, d'autres amours font leur moisson sur la terre parsemée d'animaux aquatiques; au fond, des nymphes se baignent dans une onde grise se détachant sur un ciel nuageux.

Toile. Haut., 98 cent.; larg., 1 m. 33 cent.

DE LAVAL

(PIERRE-LOUIS)

(1790)

71 — *Portrait du jeune Le Mat, demi-frère du petit-fils de J.-B. Le Moyne.*

Toile ovale.
Signée et datée : *1811*, en bas à droite.

Haut., 70 cent.; larg., 60 cent.

ÉCOLE FRANÇAISE

(XVIIIe siècle)

72 — *Les Environs de Bourbon-Lancy.*

Dans un encadrement de fleurs et feuillages.
Toile peinte pour un modèle de tapisserie.

Haut., 2 m. 80 cent.; larg., 1 m. 10 cent.

ÉCOLE ITALIENNE

(XVIIe siècle)

73 — *La Vierge et l'Enfant Jésus.*

Cuivre.

Haut., 17 cent.; larg., 13 cent.

Cadre en bois doré et émail bleu.

LAGRENÉE

(J.-J.)
(DIT LE JEUNE)

74 — *Jeune Fille pleurant.*

Toile.

Haut., 28 cent.; larg., 22 cent.

Cadre Louis XIV en bois sculpté et doré.

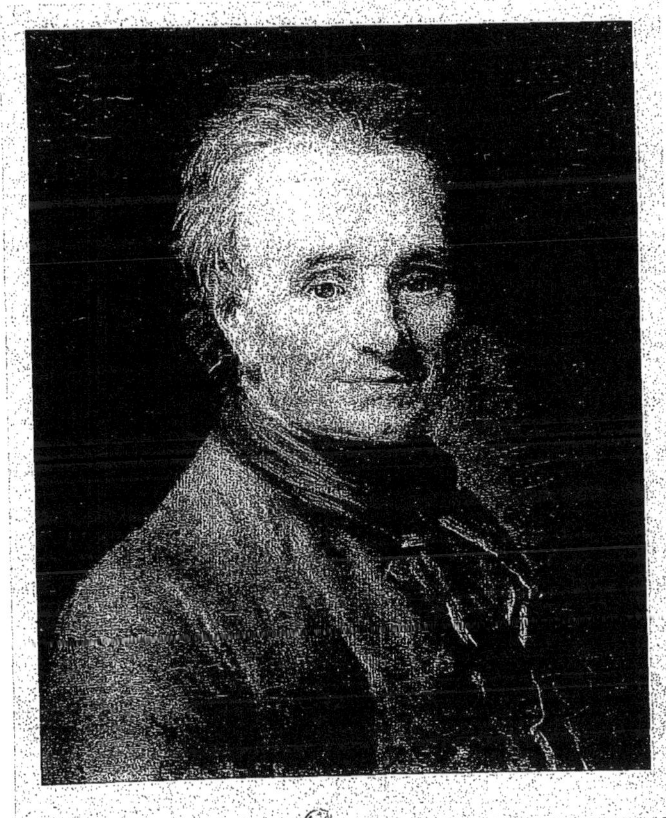

N° 76

PERRIN

(1754-1831)

75 — *Portrait présumé de Louis XVII.*

Toile.

Haut., 60 cent.; larg., 52 cent.

VIGÉE-LEBRUN

(Mme L.-E.)

(1755-1842)

76 — *Portrait du sculpteur J.-B. Le Moyne, à l'âge de 70 ans.*

Il porte son costume d'atelier, la tête vue de face, un foulard de soie au cou, il est vêtu d'un habit de soie bleue.

Toile.

Haut., 53 cent.; larg., 48 cent.

Il est signé et daté : *M. Vigée, 1774.*

La jeune et déjà célèbre artiste était âgée de 19 ans, et nous ajouterons qu'elle était déjà en possession de tout son talent, plus tard elle fut moins sincère dans l'interprétation de ses modèles et devint plus formaliste.

Cadre Louis XV en bois sculpté et doré.

WATTEAU

(D'après F.)

77 — *Portrait de la Camargo.*

Toile.

Haut., 51 cent.; larg., 39 cent.

BOITES

MINIATURES

78 — Boîte ronde en écaille brune doublée d'or, portant sur le couvercle une petite peinture par CLAUDE-JOSEPH VERNET, représentant une marine, par soleil couchant.

Cette boîte fut donnée par *Joseph Vernet* à Marie-Thérèse Le Moyne, fille du sculpteur, à l'occasion de son mariage avec *M. Bénard.*

Diam., 7 cent.

79 — Boîte ronde en ivoire doublée d'or, présentant sur le couvercle une peinture en grisaille de SAUVAGE : Tête de femme à profil grec.

80 — Miniature par THIBOUST, représentant une jeune fille en costume de bal du Premier Empire. Signée.

81 — Miniature par CORBET : Portrait de *Chénard.*

82 — Miniature de l'École française du XVIIIe siècle, représentant une femme en buste.

83 — Miniature ovale, attribué à LAINÉ, représentant le sculpteur J.-B. LE MOYNE en costume d'atelier.

84 — Miniature sur ivoire par SAUVAGE, représentant, de profil, la famille royale : Louis XVI, Marie-Antoinette et le Dauphin. Signée.

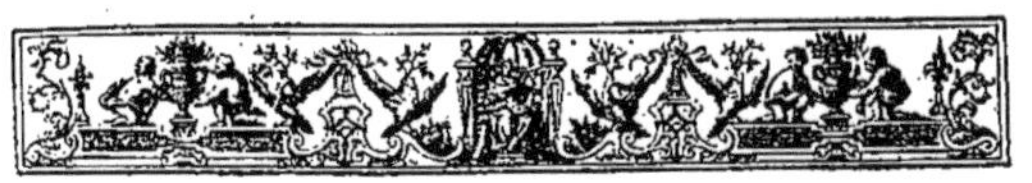

OBJETS D'ART ET D'AMEUBLEMENT

PORCELAINES, FAIENCES

OBJETS VARIÉS

85 — Deux assiettes en ancienne porcelaine de Chine, famille rose.

86 — Deux poêlons à couvercles en ancienne porcelaine de Paris, décor à bouquets de fleurs.

87 — Compotier en ancienne pâte tendre de Vincennes, décor à bouquets de fleurs et fleurettes, filets d'or; marli gaufré.

88 — Figurine en ancien biscuit : L'Amour au tambourin.

89 — Assiette en ancienne faïence de Castelli, décor central à sujet mythologique; marli décoré de figures d'amours et d'écussons.

90 — Coupe oblongue, de forme contournée, en ancienne faïence de Nevers, décor aubergine à oiseaux, insectes et fleurs.

91 — Deux petites bouquetières en ancienne faïence de Strasbourg.

92 — Écusson en grès, présentant un dragon ailé et couronné.

93 — Éventail en ivoire repercé, offrant trois médaillons peints : Allégorie à l'Amour, attribués à ANGELICA KAUFFMANN.

94 — Clef ancienne en fer forgé, anneau décoré avec chimères adossées. XVIe siècle.

95 — Paire de petits pistolets anciens de poche, avec batteries et canons gravés. Époque Louis XVI.

96 — Porte-huilier en argent, garni de ses burettes. Époque Louis XV.

97 — Paire de salières tripodes en argent. Époque Louis XVI.

98 — Deux plateaux ovales en bois dur, ornés d'incrustations de nacre. Travail annamite.

SCULPTURES

MARBRE, TERRE CUITE, BOIS,

PLATRE, BRONZE

99 — Groupe en marbre : Vierge et enfant. XVIe siècle. Espagnol.

Haut., 41 cent.

100 — Statuette en marbre : Femme couchée et dormant. Italie, XVIIe siècle.

Larg., 26 cent.

101 — Petite statuette en terre cuite, par FLAMAND : Sommeil d'enfant, représentant un enfant nu, étendu et dormant. Socle en bois peint en vert.

(*Provenant de la Vente P. Decourcelle, nº 188 du Catalogue.*)

102 — Petit groupe en terre cuite rehaussé de couleurs : Femme drapée dans un manteau. XVIIe siècle.

Haut., 15 cent.

103 — Buste de J.-B. Le Moyne, d'après PAJOU. Reproduction en plâtre patiné.

104 — Groupe en plâtre peint : Vierge et enfant. XVIIIe siècle.

Haut., 60 cent.

105 — Statuette en ivoire sculpté. Figure de Vierge. XVIIe siècle.

Haut., 12 cent.

106 — Statuette en marbre. Figure de la Vierge au temple, tenant un livre ouvert. Italie, XVIe siècle.

Haut., 48 cent.

107 — Groupe en bois sculpté : La Vierge et saint Jean. XVIIe siècle.

Haut., 43 cent.

108 — Deux groupes en bronze se faisant pendants : Triton et Sirène supportant des conques et reposant sur des socles cylindriques en marbre gris ceinturés à la base d'une guirlande en bronze doré. Époque Louis XIV.

Haut., 46 cent.

109 — Figurine en bronze, fragment de candélabre.

110 — Christ en bronze patine brune. XVIIe siècle.

Haut., 25 cent.

111 — Statuette en bronze doré, représentant Voltaire enfant. Assis.

BRONZES D'AMEUBLEMENT

112 — Grande pendule d'applique avec sa console. Décor de fleurs et animaux au vernis. Elle est ornée de bronzes ciselés et dorés à rocailles, rinceaux et bouquets de fleurs. Cadran signé de *Dehémant, à Paris.* Époque Louis XV.

Haut., 1 m. 30 cent.

113 — Pendule en bronze doré et patiné ; le mouvement est surmonté d'une statuette de femme jouant aux dés. Cadran signé de *Mathieu, à Rouen.* Socle en marbre blanc. Fin du XVIIIe siècle.

114 — Petite pendule d'applique avec sa console en marqueterie de cuivre sur écaille, ornée de bronzes. Sonnerie à répétition. Cadran signé de *Delaunay, à Paris.* Époque Louis XIV.

115 — Petite pendule à cadrans multiples et mouvement visible. Fin du XVIIIe siècle.

116 — Paire de flambeaux, à deux lumières, en bronze argenté. Époque Louis XV.

MEUBLES ET SIÈGES

CADRES EN BOIS SCULPTÉ

117 — Meuble à deux corps en noyer sculpté et ciré, s'ouvrant à quatre vantaux et deux tiroirs. Les vantaux présentent des mascarons de mufles de lions et de têtes d'anges au milieu de rinceaux feuillagés ; les fûts sont formés de cariatides et ornés de têtes d'enfants. Fin du XVIe siècle.

118 — Commode à quatre tiroirs, de forme bombée, en marqueterie de bois d'amarante ; ornements en bronze doré ; marbre rose. Époque de la Régence.

119 — Petit bureau « Bonheur du jour » en acajou, à filets de cuivre, le dessus formant étagère à fond de glace. Époque Louis XVI.

Haut., 1 m. 43 cent.; larg., 79 cent.

120 — Petit bureau de dame formant écran en acajou, à filets de cuivre. Le haut s'ouvre à abattant et est à dessus de marbre blanc avec galerie. Il repose sur quatre pieds-colonnettes à tablette d'entrejambe. La partie du haut est mobile. Époque Louis XVI.

Haut., 95 cent.; larg., 48 cent.

121 — Console en acajou avec tablette d'entrejambe ; dessus en marbre blanc à galerie. Époque Louis XVI.

Haut., 90 cent.; larg., 93 cent.

122 — Deux fauteuils, de l'époque du Directoire, en acajou orné de bronzes dorés ; garniture en soierie de style, à décor de couronnes de laurier sur fond bleu.

123 — Petite table à jeu en acajou, le dessus en marqueterie à damier avec tiroir sur le côté. Époque Louis XVI.

Haut., 69 cent.; larg., 73 cent.

124 — Petite étagère d'encoignure. Époque Louis XVI.

125 — Deux petits fauteuils en bois mouluré et peint, couverts en dauphine. Époque Louis XV.

Haut., 90 cent.; larg., 82 cent.

126 — Deux bois de fauteuils en noyer sculpté, signés de *Sabatier*. Époque Louis XV.

Haut., 96 cent.; larg., 67 cent.

127 — Bois de fauteuil en noyer sculpté à filets, rinceaux et bouquets de fleurs. Signé de *Cresson*. Époque Louis XV.

Haut., 91 cent.; larg., 63 cent.

128 — Deux chaises en bois mouluré. Signées de *Cresson*. Époque Louis XV.

Haut., 93 cent.; larg., 55 cent.

129 — Chaise en noyer sculpté. Signée de *Gourdin*. Époque Louis XV.

— Autre chaise semblable. Époque Louis XV.

Haut., 90 cent.; larg., 57 cent.
Haut., 88 cent.; larg., 53 cent.

130 — Un miroir, d'époque Louis XIII.

131 — Un miroir, d'époque Louis XVI. Cadre en bois sculpté.

132 — Lot de neuf cadres anciens en bois sculpté. (Sera divisé.)

133 — Lot de baguettes anciennes en bois sculpté.

ÉTOFFES ANCIENNES

TAPISSERIE

134 — Panneau en ancienne tapisserie, représentant le « Repas des Dieux. » Composition à nombreux personnages dans des jardins. XVIe siècle.

Haut., 2 m. 20 cent.; larg., 2 mètres.

135 — Tableau en broderie : « Les Amants surpris ». XVIIIe siècle. Cadre en bois sculpté et doré.

136 — Morceau d'ancienne broderie persane.

137 — Coiffe hollandaise ancienne en broderie métallique.

138 — Deux coupes d'ancienne brocatelle jaune, d'époque Louis XIV.

Haut., 3 mètres; larg., 1 m. 10 cent.

139 — Coupe d'ancien gros de Tours fond bleu broché de bouquets de fleurs. XVIIIe siècle.

Haut., 1 m. 5 cent.; larg., 2 m. 38 cent.

140 — Feuille d'écran en soierie brodée de soie et de paillon. Époque Louis XVI.

141 — Grand morceau de taffetas ancien, à rayures bleues sur fond blanc.

Larg., 3 mètres.

142 — Trois coupes d'ancien damas de soie rouge.

Haut., 86 cent.

143 — Lot d'étoffes diverses en soieries.

144 — Objets non catalogués.

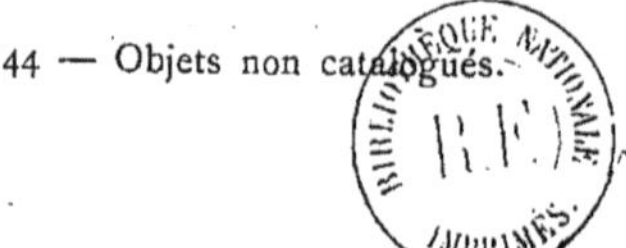

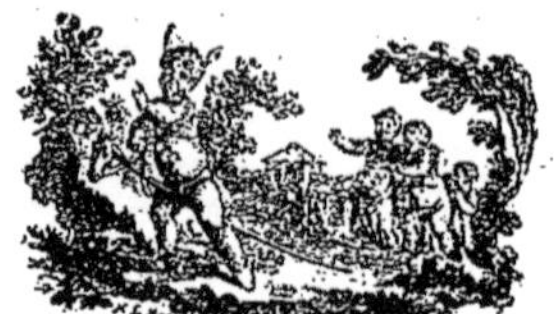

www.ingramcontent.com/pod-product-compliance
Ingram Content Group UK Ltd.
Pitfield, Milton Keynes, MK11 3LW, UK
UKHW020215200726
13856UKWH00004B/1412

9 782013 071642